Första bildordboken
Djur

First Picture Dictionary
Animals

Gris
Pig

Fjäril
Butterfly

Kanin
Rabbit

Räv
Fox

Illustrerad av Anna Ivanir

www.kidkiddos.com
Copyright ©2025 by KidKiddos Books Ltd.
support@kidkiddos.com

All rights reserved. No part of this book may be reproduced in any form or by any electronic or mechanical means, including information storage and retrieval systems, without written permission from the publisher, except in the case of a reviewer, who may quote brief passages embodied in critical articles or in a review.
First edition, 2025

Library and Archives Canada Cataloguing in Publication
First Picture Dictionary - Animals (Swedish English Bilingual edition)
ISBN: 978-1-83416-771-8 paperback
ISBN: 978-1-83416-772-5 hardcover
ISBN: 978-1-83416-770-1 eBook

Vilda djur
Wild Animals

Tiger
Tiger

Elefant
Elephant

Lejon
Lion

Giraff
Giraffe

✦ *En giraff är det högsta djuret på land.*
✦ A giraffe is the tallest animal on land.

Apa
Monkey

Vilda djur
Wild Animals

Flodhäst
Hippopotamus

Panda
Panda

Räv
Fox

Noshörning
Rhino

Hjort
Deer

Älg
Moose

Varg
Wolf

✦ *En älg är en duktig simmare och kan dyka under vatten för att äta växter!*

✦ A moose is a great swimmer and can dive underwater to eat plants!

Ekorre
Squirrel

Koala
Koala

✦ *En ekorre gömmer nötter för vintern, men glömmer ibland var den lade dem!*

✦ A squirrel hides nuts for winter, but sometimes forgets where it put them!

Gorilla
Gorilla

Husdjur
Pets

Kanariefågel
Canary

Marsvin
Guinea Pig

✦ *En groda kan andas genom sin hud såväl som genom sina lungor!*

✦ A frog can breathe through its skin as well as its lungs!

Groda
Frog

Hamster
Hamster

Guldfisk
Goldfish

Hund
Dog

◆ *Vissa papegojor kan härma ord och till och med skratta som en människa!*

◆ Some parrots can copy words and even laugh like a human!

Katt
Cat

Papegoja
Parrot

Djur på gården
Animals at the Farm

Kyckling
Chicken

Ko
Cow

Anka
Duck

Får
Sheep

Häst
Horse

Grävling
Badger

Piggsvin
Porcupine

Murmeldjur
Groundhog

✦ *En ödla kan växa ut en ny svans om den tappar en!*
✦ A lizard can grow a new tail if it loses one!

Ödla
Lizard

Myra
Ant

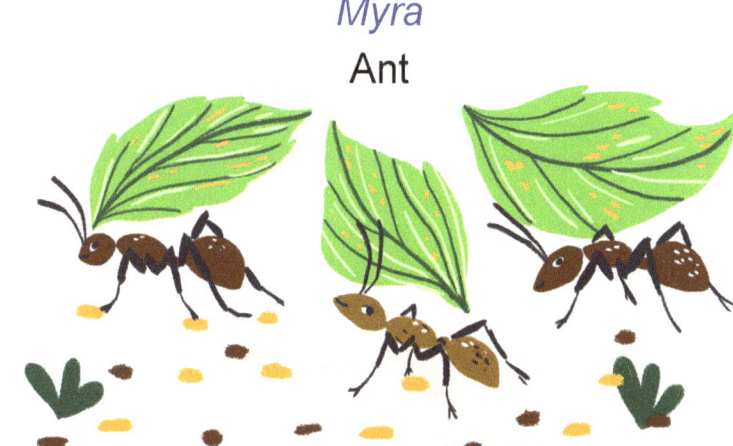

Små djur
Small Animals

Kameleont
Chameleon

Spindel
Spider

✦ *En struts är den största fågeln, men den kan inte flyga!*
✦ An ostrich is the biggest bird, but it cannot fly!

Bi
Bee

✦ *En snigel bär sitt hem på ryggen och rör sig mycket långsamt.*
✦ A snail carries its home on its back and moves very slowly.

Snigel
Snail

Mus
Mouse

Uggla
Owl

Fladdermus
Bat

✦ *En uggla jagar på natten och använder sin hörsel för att hitta mat!*
✦ An owl hunts at night and uses its hearing to find food!

✦ *En lysmask lyser på natten för att hitta andra lysmaskar.*
✦ A firefly glows at night to find other fireflies.

Tvättbjörn
Raccoon

Tarantel
Tarantula

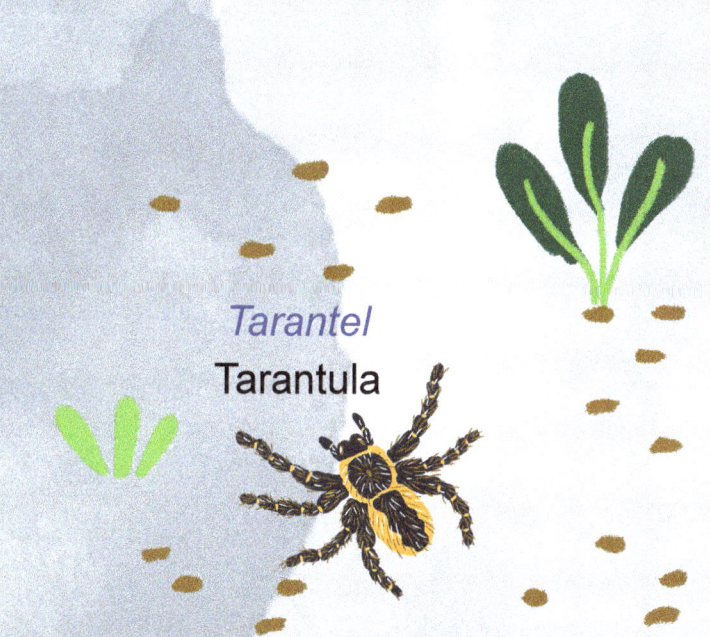

Färgglada djur
Colorful Animals

En flamingo är rosa
A flamingo is pink

En uggla är brun
An owl is brown

En svan är vit
A swan is white

En bläckfisk är lila
An octopus is purple

En groda är grön
A frog is green

✦ *En groda är grön, så den kan gömma sig bland bladen.*
✦ A frog is green, so it can hide among the leaves.

Djur och deras ungar
Animals and Their Babies

Ko och kalv
Cow and Calf

Katt och kattunge
Cat and Kitten

Kyckling och liten kyckling
Chicken and Chick

✦ *En kyckling pratar med sin mamma redan innan den kläcks.*
✦ A chick talks to its mother even before it hatches.

Hund och valp
Dog and Puppy

Fjäril och larv
Butterfly and Caterpillar

Får och lamm
Sheep and Lamb

Häst och föl
Horse and Foal

Gris och griskulting
Pig and Piglet

Get och killing
Goat and Kid

www.ingramcontent.com/pod-product-compliance
Lightning Source LLC
LaVergne TN
LVHW072103060526
838200LV00061B/4799